Feliz por dentro
Glücklich mit mir

By Marisa J. Taylor
Illustrated by Vanessa Balleza

BILINGUAL
Brazilian Portuguese - German

Eu amo a cor da minha pele. Eu sou única e bonita por dentro.

Ich liebe die Farbe meiner Haut. Ich bin einzigartig und wunderschön von innen heraus.

Eu tenho orgulho de mim e do que eu posso fazer.

Ich bin stolz darauf, wer ich bin und was ich kann.

Ser eu me faz feliz por dentro.

So zu sein, wie ich bin, macht mich glücklich.

Eu amo cantar, dançar e brincar com meus amigos, eu sou assim e isso me faz feliz.

Ich liebe es zu singen, zu tanzen und mit meinen Freunden zu spielen. So bin ich eben und das macht mich glücklich.

E você, o que faz você feliz?

Was ist mit dir? Was macht dich glücklich?

Alguns dos meus amigos adoram brincar com brinquedos e fazem muito barulho. Tudo bem também, porque para eles isso traz alegria.

Ein paar meiner Freunde spielen gerne mit Spielzeug und machen viel Lärm. Das ist auch okay, denn die machen es gern.

Alguns dos meus amigos adoram cantar, dançar e conversar. Tudo bem, porque todo mundo é diferente e especial do seu próprio jeito.

Einige meiner Freunde lieben es zu singen, zu tanzen und viel zu reden. Das ist okay, weil jeder anders und ganz besonders ist in seinem Wesen.

Eu faço o meu melhor para ser a melhor versão de mim.

Ich gebe mein Bestes, und bin genau richtig, so wie ich bin.

Eu não me comparo com as outras crianças. Eu tenho orgulho de ser quem sou, e sou livre para ser eu mesma.

Ich vergleiche mich nicht mit den anderen Kindern, die ich sehe. Ich bin stolz auf mich und frei, ich selbst zu sein.

Algumas crianças poderão dizer coisas que farão você se sentir triste.

Manche Kinder werden Dinge sagen, die dich traurig machen werden.

Não preste atenção às palavras deles e continue contente.

Achte nicht auf ihre Worte, lass dir deine Freude nicht verderben.

Vamos apoiar um ao outro para ser o melhor que podemos ser.

Wir helfen einander, das Schöne zu zeigen, das in uns steckt.

Todos são únicos, cada um do seu próprio jeito de ser.

Jeder ist auf seine besondere Art und Weise einzigartig.

Seja feliz com você mesmo e como você se vê

Sei glücklich, wie du bist und freue dich über alles, was du siehst.

Não importa de onde você seja, ou a cor da sua pele, seja VOCÊ e faça o que te faz feliz por dentro.

Egal, woher du kommst. Egal, welche Hautfarbe du hast.
Sei Du selbst und mach das, was dich vollkommen glücklich macht.

No momento em que você sente as borboletas dentro de você e o sorriso brota no seu rosto... faça isso mais vezes para te fazer sorrir.

In dem Moment, in dem du die Schmetterlinge in dir spürst und ein Lächeln auf deinem Gesicht hast, mach mehr davon, um Dich zum Lächeln zu bringen.

Uma coisa a lembrar para ser feliz por dentro…

Merke dir eins, um mit dir glücklich zu sein…

Olhe-se no espelho e diga em voz alta: "Eu sou a melhor versão de mim mesmo, feliz e feliz como eu sou."

Sieh dich im Spiegel an und sage dir laut: „Ich bin genau richtig, so wie ich bin und glücklich in meiner Haut."

Se você acreditar você mesmo e se amar, você pode conseguir qualquer coisa e vencer.

Wenn du an dich selbst glaubst und dich selbst liebst, kannst du im Leben alles erreichen und gewinnen.

Ser eu me faz....
Ich selbst zu sein macht mich....

....

E você, o que faz você feliz?

Was ist mit dir?
Was macht dich glücklich?

LINGO BABIES

Feliz por dentro
Glücklich mit mir
Copyright © Lingo Babies, 2021

Written by Marisa J. Taylor Illustrations: Vanessa Balleza

ISBN: 978-1-8382473-5-5 (paperback)
ISBN: 978-1-914605-32-1 (hardcover)

Translations: Marisa Taylor
Graphic Design: Clementina Cortés

All rights reserved. No part of this book may be reproduced or used in any matter without written permission of the copyright owner.

www.ingramcontent.com/pod-product-compliance
Lightning Source LLC
Chambersburg PA
CBHW041500220426
43661CB00016B/1207